Nähprojekt Logbuch

Informationen

NAME

ADRESSE

E-MAIL-ADRESSE

WEBSITE

TELEFON   **FAX**

KONTAKTPERSON FÜR NOTFÄLLE

TELEFON   **FAX**

Schneide-Tracker zum Aufzeichnen von Nähprojekten
– perfektes Geschenk für Nähliebhaber

Nähprojekt Logbuch

DETAILS

PROJEKT ....
GESCHAFFEN FÜR ....
DATUM BEGINN .... DATUM ABGESCHLOSSEN ....
ITEM .... MENGE ....
PREIS .... ANZAHLUNG BEZAHLT .... GUTHABEN BEZAHLT ....
VERWENDETES MUSTER ....
BENÖTIGTE MATERIALIEN ....

SKIZZE / FOTO

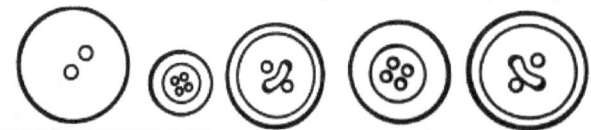

ZUSÄTZLICHE HINWEISE

....
....
....
....
....
....

Schneide-Tracker zum Aufzeichnen von Nähprojekten
– perfektes Geschenk für Nähliebhaber

Schneide-Tracker zum Aufzeichnen von Nähprojekten
– perfektes Geschenk für Nähliebhaber

DETAILS

PROJEKT ....
GESCHAFFEN FÜR ....
DATUM BEGINN .... **DATUM ABGESCHLOSSEN** ....
ITEM .... **MENGE** ....
PREIS .... **ANZAHLUNG BEZAHLT** .... **GUTHABEN BEZAHLT** ....
VERWENDETES MUSTER ....
BENÖTIGTE MATERIALIEN ....

SKIZZE / FOTO

ZUSÄTZLICHE HINWEISE

....
....
....
....
....
....
....
....

Nähprojekt Logbuch

Nähprojekt Logbuch

DETAILS

PROJEKT ....
GESCHAFFEN FÜR ....
DATUM BEGINN .... DATUM ABGESCHLOSSEN ....
ITEM .... MENGE ....
PREIS .... ANZAHLUNG BEZAHLT .... GUTHABEN BEZAHLT ....
VERWENDETES MUSTER ....
BENÖTIGTE MATERIALIEN ....

SKIZZE / FOTO

ZUSÄTZLICHE HINWEISE

....
....
....
....
....
....
....

Schneide-Tracker zum Aufzeichnen von Nähprojekten – perfektes Geschenk für Nähliebhaber

Schneide-Tracker zum Aufzeichnen von Nähprojekten
– perfektes Geschenk für Nähliebhaber

DETAILS

PROJEKT ....
GESCHAFFEN FÜR ....
DATUM BEGINN .... **DATUM ABGESCHLOSSEN** ....
ITEM .... **MENGE** ....
PREIS .... **ANZAHLUNG BEZAHLT** .... **GUTHABEN BEZAHLT** ....
VERWENDETES MUSTER ....
BENÖTIGTE MATERIALIEN ....

SKIZZE / FOTO

ZUSÄTZLICHE HINWEISE

....
....
....
....
....
....
....

Nähprojekt Logbuch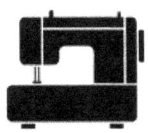

Nähprojekt Logbuch

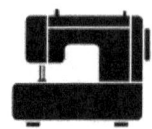

DETAILS

PROJEKT ....
GESCHAFFEN FÜR ....
DATUM BEGINN .... DATUM ABGESCHLOSSEN ....
ITEM .... MENGE ....
PREIS .... ANZAHLUNG BEZAHLT .... GUTHABEN BEZAHLT ....
VERWENDETES MUSTER ....
BENÖTIGTE MATERIALIEN ....

SKIZZE / FOTO

ZUSÄTZLICHE HINWEISE

....
....
....
....
....
....
....

Schneide-Tracker zum Aufzeichnen von Nähprojekten
– perfektes Geschenk für Nähliebhaber

Schneide-Tracker zum Aufzeichnen von Nähprojekten
– perfektes Geschenk für Nähliebhaber

DETAILS

PROJEKT ....

GESCHAFFEN FÜR ....

DATUM BEGINN .... **DATUM ABGESCHLOSSEN** ....

ITEM .... **MENGE** ....

PREIS .... **ANZAHLUNG BEZAHLT** .... **GUTHABEN BEZAHLT** ....

VERWENDETES MUSTER ....

BENÖTIGTE MATERIALIEN ....

SKIZZE / FOTO

ZUSÄTZLICHE HINWEISE

....
....
....
....
....
....
....

Nähprojekt Logbuch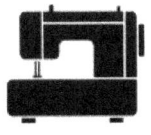

Nähprojekt Logbuch

DETAILS

PROJEKT ....
GESCHAFFEN FÜR ....
DATUM BEGINN .... DATUM ABGESCHLOSSEN ....
ITEM .... MENGE ....
PREIS .... ANZAHLUNG BEZAHLT .... GUTHABEN BEZAHLT ....
VERWENDETES MUSTER ....
BENÖTIGTE MATERIALIEN ....

SKIZZE / FOTO

ZUSÄTZLICHE HINWEISE

....
....
....
....
....
....

Schneide-Tracker zum Aufzeichnen von Nähprojekten
– perfektes Geschenk für Nähliebhaber

Schneide-Tracker zum Aufzeichnen von Nähprojekten
– perfektes Geschenk für Nähliebhaber

DETAILS

PROJEKT ....
GESCHAFFEN FÜR ....
DATUM BEGINN .... **DATUM ABGESCHLOSSEN** ....
ITEM .... **MENGE** ....
PREIS .... **ANZAHLUNG BEZAHLT** .... **GUTHABEN BEZAHLT** ....
VERWENDETES MUSTER ....
BENÖTIGTE MATERIALIEN ....

SKIZZE / FOTO

ZUSÄTZLICHE HINWEISE

....
....
....
....
....
....
....
....

Nähprojekt Logbuch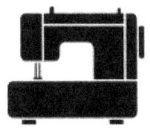

Nähprojekt Logbuch

DETAILS

PROJEKT ....

GESCHAFFEN FÜR ....

DATUM BEGINN .... DATUM ABGESCHLOSSEN ....

ITEM .... MENGE ....

PREIS .... ANZAHLUNG .... GUTHABEN ....
                      BEZAHLT   BEZAHLT

VERWENDETES MUSTER ....

BENÖTIGTE MATERIALIEN ....

SKIZZE / FOTO

ZUSÄTZLICHE HINWEISE

....
....
....
....
....
....

Schneide-Tracker zum Aufzeichnen von Nähprojekten
– perfektes Geschenk für Nähliebhaber

Schneide-Tracker zum Aufzeichnen von Nähprojekten
– perfektes Geschenk für Nähliebhaber

DETAILS

PROJEKT ....
GESCHAFFEN FÜR ....
DATUM BEGINN .... **DATUM ABGESCHLOSSEN** ....
ITEM .... **MENGE** ....
PREIS .... **ANZAHLUNG BEZAHLT** .... **GUTHABEN BEZAHLT** ....
VERWENDETES MUSTER ....
BENÖTIGTE MATERIALIEN ....

SKIZZE / FOTO

ZUSÄTZLICHE HINWEISE

....
....
....
....
....
....
....
....

Nähprojekt Logbuch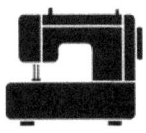

Nähprojekt Logbuch

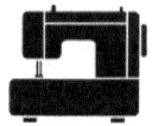

DETAILS

PROJEKT ....
GESCHAFFEN FÜR ....
DATUM BEGINN .... **DATUM ABGESCHLOSSEN** ....
ITEM .... **MENGE** ....
PREIS .... **ANZAHLUNG BEZAHLT** .... **GUTHABEN BEZAHLT** ....
VERWENDETES MUSTER ....
BENÖTIGTE MATERIALIEN ....

SKIZZE / FOTO

ZUSÄTZLICHE HINWEISE

....
....
....
....
....
....
....

Schneide-Tracker zum Aufzeichnen von Nähprojekten
– perfektes Geschenk für Nähliebhaber

Schneide-Tracker zum Aufzeichnen von Nähprojekten
– perfektes Geschenk für Nähliebhaber

DETAILS

PROJEKT ....
GESCHAFFEN FÜR ....
DATUM BEGINN .... **DATUM ABGESCHLOSSEN** ....
ITEM .... **MENGE** ....
PREIS .... **ANZAHLUNG BEZAHLT** .... **GUTHABEN BEZAHLT** ....
VERWENDETES MUSTER ....
BENÖTIGTE MATERIALIEN ....

SKIZZE / FOTO

ZUSÄTZLICHE HINWEISE

....
....
....
....
....
....
....

Nähprojekt Logbuch

Nähprojekt Logbuch

DETAILS

PROJEKT ....
GESCHAFFEN FÜR ....
DATUM BEGINN .... DATUM ABGESCHLOSSEN ....
ITEM .... MENGE ....
PREIS .... ANZAHLUNG BEZAHLT .... GUTHABEN BEZAHLT ....
VERWENDETES MUSTER ....
BENÖTIGTE MATERIALIEN ....

SKIZZE / FOTO

ZUSÄTZLICHE HINWEISE

....
....
....
....
....
....
....

Schneide-Tracker zum Aufzeichnen von Nähprojekten
– perfektes Geschenk für Nähliebhaber

Schneide-Tracker zum Aufzeichnen von Nähprojekten
– perfektes Geschenk für Nähliebhaber

DETAILS

PROJEKT ....

GESCHAFFEN FÜR ....

DATUM BEGINN .... **DATUM ABGESCHLOSSEN** ....

ITEM .... **MENGE** ....

PREIS .... **ANZAHLUNG BEZAHLT** .... **GUTHABEN BEZAHLT** ....

VERWENDETES MUSTER ....

BENÖTIGTE MATERIALIEN ....

SKIZZE / FOTO

ZUSÄTZLICHE HINWEISE

....
....
....
....
....
....
....

Nähprojekt Logbuch

Nähprojekt Logbuch

DETAILS

PROJEKT ....
GESCHAFFEN FÜR ....
DATUM BEGINN .... DATUM ABGESCHLOSSEN ....
ITEM .... MENGE ....
PREIS .... ANZAHLUNG BEZAHLT .... GUTHABEN BEZAHLT ....
VERWENDETES MUSTER ....
BENÖTIGTE MATERIALIEN ....

SKIZZE / FOTO

ZUSÄTZLICHE HINWEISE

....
....
....
....
....
....
....

Schneide-Tracker zum Aufzeichnen von Nähprojekten
– perfektes Geschenk für Nähliebhaber

Schneide-Tracker zum Aufzeichnen von Nähprojekten
– perfektes Geschenk für Nähliebhaber

DETAILS

PROJEKT ....
GESCHAFFEN FÜR ....
DATUM BEGINN .... **DATUM ABGESCHLOSSEN** ....
ITEM .... **MENGE** ....
PREIS .... **ANZAHLUNG BEZAHLT** .... **GUTHABEN BEZAHLT** ....
VERWENDETES MUSTER ....
BENÖTIGTE MATERIALIEN ....

SKIZZE / FOTO

ZUSÄTZLICHE HINWEISE

....
....
....
....
....
....
....

Nähprojekt Logbuch

Nähprojekt Logbuch

DETAILS

PROJEKT ....

GESCHAFFEN FÜR ....

DATUM BEGINN .... DATUM ABGESCHLOSSEN ....

ITEM .... MENGE ....

PREIS .... ANZAHLUNG BEZAHLT .... GUTHABEN BEZAHLT ....

VERWENDETES MUSTER ....

BENÖTIGTE MATERIALIEN ....

SKIZZE / FOTO

ZUSÄTZLICHE HINWEISE

....
....
....
....
....
....
....

Schneide-Tracker zum Aufzeichnen von Nähprojekten
– perfektes Geschenk für Nähliebhaber

Schneide-Tracker zum Aufzeichnen von Nähprojekten
– perfektes Geschenk für Nähliebhaber

DETAILS

PROJEKT ....
GESCHAFFEN FÜR ....
DATUM BEGINN .... **DATUM ABGESCHLOSSEN** ....
ITEM .... **MENGE** ....
PREIS .... **ANZAHLUNG BEZAHLT** .... **GUTHABEN BEZAHLT** ....
VERWENDETES MUSTER ....
BENÖTIGTE MATERIALIEN ....

SKIZZE / FOTO

ZUSÄTZLICHE HINWEISE

....
....
....
....
....
....
....

Nähprojekt Logbuch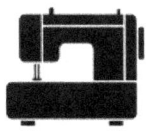

Nähprojekt Logbuch

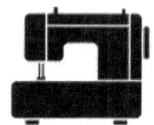

DETAILS

PROJEKT ....
GESCHAFFEN FÜR ....
DATUM BEGINN .... **DATUM ABGESCHLOSSEN** ....
ITEM .... **MENGE** ....
PREIS .... **ANZAHLUNG BEZAHLT** .... **GUTHABEN BEZAHLT** ....
VERWENDETES MUSTER ....
BENÖTIGTE MATERIALIEN ....

SKIZZE / FOTO

ZUSÄTZLICHE HINWEISE

....
....
....
....
....
....
....

Schneide-Tracker zum Aufzeichnen von Nähprojekten
– perfektes Geschenk für Nähliebhaber

Schneide-Tracker zum Aufzeichnen von Nähprojekten
– perfektes Geschenk für Nähliebhaber

DETAILS

PROJEKT ....

GESCHAFFEN FÜR ....

DATUM BEGINN .... **DATUM ABGESCHLOSSEN** ....

ITEM .... **MENGE** ....

PREIS .... **ANZAHLUNG BEZAHLT** .... **GUTHABEN BEZAHLT** ....

VERWENDETES MUSTER ....

BENÖTIGTE MATERIALIEN ....

SKIZZE / FOTO

ZUSÄTZLICHE HINWEISE

....
....
....
....
....
....
....
....

Nähprojekt Logbuch

Nähprojekt Logbuch

DETAILS

PROJEKT ....

GESCHAFFEN FÜR ....

DATUM BEGINN .... DATUM ABGESCHLOSSEN ....

ITEM .... MENGE ....

PREIS .... ANZAHLUNG BEZAHLT .... GUTHABEN BEZAHLT ....

VERWENDETES MUSTER ....

BENÖTIGTE MATERIALIEN ....

SKIZZE / FOTO

ZUSÄTZLICHE HINWEISE

....
....
....
....
....
....

Schneide-Tracker zum Aufzeichnen von Nähprojekten
– perfektes Geschenk für Nähliebhaber

Schneide-Tracker zum Aufzeichnen von Nähprojekten – perfektes Geschenk für Nähliebhaber

DETAILS

PROJEKT ....
GESCHAFFEN FÜR ....
DATUM BEGINN .... **DATUM ABGESCHLOSSEN** ....
ITEM .... **MENGE** ....
PREIS .... **ANZAHLUNG BEZAHLT** .... **GUTHABEN BEZAHLT** ....
VERWENDETES MUSTER ....
BENÖTIGTE MATERIALIEN ....

SKIZZE / FOTO

ZUSÄTZLICHE HINWEISE

....
....
....
....
....
....
....

Nähprojekt Logbuch

Nähprojekt Logbuch

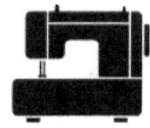

DETAILS

PROJEKT ....

GESCHAFFEN FÜR ....

DATUM BEGINN .... DATUM ABGESCHLOSSEN ....

ITEM .... MENGE ....

PREIS .... ANZAHLUNG BEZAHLT .... GUTHABEN BEZAHLT ....

VERWENDETES MUSTER ....

BENÖTIGTE MATERIALIEN ....

SKIZZE / FOTO

ZUSÄTZLICHE HINWEISE

....
....
....
....
....
....
....

Schneide-Tracker zum Aufzeichnen von Nähprojekten
– perfektes Geschenk für Nähliebhaber

Schneide-Tracker zum Aufzeichnen von Nähprojekten
– perfektes Geschenk für Nähliebhaber

DETAILS

PROJEKT ....
GESCHAFFEN FÜR ....
DATUM BEGINN .... **DATUM ABGESCHLOSSEN** ....
ITEM .... **MENGE** ....
PREIS .... **ANZAHLUNG BEZAHLT** .... **GUTHABEN BEZAHLT** ....
VERWENDETES MUSTER ....
BENÖTIGTE MATERIALIEN ....

SKIZZE / FOTO

ZUSÄTZLICHE HINWEISE

....
....
....
....
....
....
....

Nähprojekt Logbuch

Nähprojekt Logbuch

DETAILS

PROJEKT ....
GESCHAFFEN FÜR ....
DATUM BEGINN .... DATUM ABGESCHLOSSEN ....
ITEM .... MENGE ....
PREIS .... ANZAHLUNG BEZAHLT .... GUTHABEN BEZAHLT ....
VERWENDETES MUSTER ....
BENÖTIGTE MATERIALIEN ....

SKIZZE / FOTO

ZUSÄTZLICHE HINWEISE

....
....
....
....
....
....
....

Schneide-Tracker zum Aufzeichnen von Nähprojekten
– perfektes Geschenk für Nähliebhaber

Schneide-Tracker zum Aufzeichnen von Nähprojekten
– perfektes Geschenk für Nähliebhaber

DETAILS

PROJEKT ....

GESCHAFFEN FÜR ....

DATUM BEGINN .... **DATUM ABGESCHLOSSEN** ....

ITEM .... **MENGE** ....

PREIS .... **ANZAHLUNG BEZAHLT** .... **GUTHABEN BEZAHLT** ....

VERWENDETES MUSTER ....

BENÖTIGTE MATERIALIEN ....

SKIZZE / FOTO

ZUSÄTZLICHE HINWEISE

....
....
....
....
....
....
....

Nähprojekt Logbuch

Nähprojekt Logbuch

DETAILS

PROJEKT ....

GESCHAFFEN FÜR ....

DATUM BEGINN .... DATUM ABGESCHLOSSEN ....

ITEM .... MENGE ....

PREIS .... ANZAHLUNG BEZAHLT .... GUTHABEN BEZAHLT ....

VERWENDETES MUSTER ....

BENÖTIGTE MATERIALIEN ....

SKIZZE / FOTO

ZUSÄTZLICHE HINWEISE

....
....
....
....
....
....
....

Schneide-Tracker zum Aufzeichnen von Nähprojekten
– perfektes Geschenk für Nähliebhaber

Schneide-Tracker zum Aufzeichnen von Nähprojekten
– perfektes Geschenk für Nähliebhaber

DETAILS

PROJEKT ....
GESCHAFFEN FÜR ....
DATUM BEGINN .... **DATUM ABGESCHLOSSEN** ....
ITEM .... **MENGE** ....
PREIS .... **ANZAHLUNG BEZAHLT** .... **GUTHABEN BEZAHLT** ....
VERWENDETES MUSTER ....
BENÖTIGTE MATERIALIEN ....

SKIZZE / FOTO

ZUSÄTZLICHE HINWEISE

....
....
....
....
....
....
....

Nähprojekt Logbuch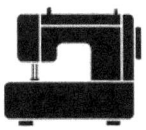

Nähprojekt Logbuch

DETAILS

PROJEKT ....
GESCHAFFEN FÜR ....
DATUM BEGINN .... DATUM ABGESCHLOSSEN ....
ITEM .... MENGE ....
PREIS .... ANZAHLUNG BEZAHLT .... GUTHABEN BEZAHLT ....
VERWENDETES MUSTER ....
BENÖTIGTE MATERIALIEN ....

SKIZZE / FOTO

ZUSÄTZLICHE HINWEISE

....
....
....
....
....
....
....

Schneide-Tracker zum Aufzeichnen von Nähprojekten
– perfektes Geschenk für Nähliebhaber

Schneide-Tracker zum Aufzeichnen von Nähprojekten – perfektes Geschenk für Nähliebhaber

DETAILS

PROJEKT ....
GESCHAFFEN FÜR ....
DATUM BEGINN .... **DATUM ABGESCHLOSSEN** ....
ITEM .... **MENGE** ....
PREIS .... **ANZAHLUNG BEZAHLT** .... **GUTHABEN BEZAHLT** ....
VERWENDETES MUSTER ....
BENÖTIGTE MATERIALIEN ....

SKIZZE / FOTO

ZUSÄTZLICHE HINWEISE

....
....
....
....
....
....
....

Nähprojekt Logbuch

Nähprojekt Logbuch

DETAILS

PROJEKT ....
GESCHAFFEN FÜR ....
DATUM BEGINN .... DATUM ABGESCHLOSSEN ....
ITEM .... MENGE ....
PREIS .... ANZAHLUNG BEZAHLT .... GUTHABEN BEZAHLT ....
VERWENDETES MUSTER ....
BENÖTIGTE MATERIALIEN ....

SKIZZE / FOTO

ZUSÄTZLICHE HINWEISE

....
....
....
....
....
....
....

Schneide-Tracker zum Aufzeichnen von Nähprojekten
– perfektes Geschenk für Nähliebhaber

Schneide-Tracker zum Aufzeichnen von Nähprojekten
– perfektes Geschenk für Nähliebhaber

DETAILS

PROJEKT ....
GESCHAFFEN FÜR ....
DATUM BEGINN .... **DATUM ABGESCHLOSSEN** ....
ITEM .... **MENGE** ....
PREIS .... **ANZAHLUNG BEZAHLT** .... **GUTHABEN BEZAHLT** ....
VERWENDETES MUSTER ....
BENÖTIGTE MATERIALIEN ....

SKIZZE / FOTO

ZUSÄTZLICHE HINWEISE

....
....
....
....
....
....
....

Nähprojekt Logbuch

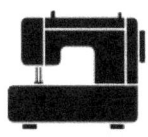

Nähprojekt Logbuch

DETAILS

PROJEKT ....
GESCHAFFEN FÜR ....
DATUM BEGINN .... **DATUM ABGESCHLOSSEN** ....
ITEM .... **MENGE** ....
PREIS .... **ANZAHLUNG BEZAHLT** .... **GUTHABEN BEZAHLT** ....
VERWENDETES MUSTER ....
BENÖTIGTE MATERIALIEN ....

SKIZZE / FOTO

ZUSÄTZLICHE HINWEISE

....
....
....
....
....
....

Schneide-Tracker zum Aufzeichnen von Nähprojekten
– perfektes Geschenk für Nähliebhaber

Schneide-Tracker zum Aufzeichnen von Nähprojekten
– perfektes Geschenk für Nähliebhaber

DETAILS

PROJEKT ....
GESCHAFFEN FÜR ....
DATUM BEGINN .... **DATUM ABGESCHLOSSEN** ....
ITEM .... **MENGE** ....
PREIS .... **ANZAHLUNG BEZAHLT** .... **GUTHABEN BEZAHLT** ....
VERWENDETES MUSTER ....
BENÖTIGTE MATERIALIEN ....

SKIZZE / FOTO

ZUSÄTZLICHE HINWEISE

....
....
....
....
....
....
....

Nähprojekt Logbuch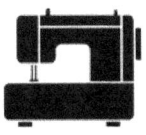

Nähprojekt Logbuch

DETAILS

PROJEKT ....
GESCHAFFEN FÜR ....
DATUM BEGINN .... **DATUM ABGESCHLOSSEN** ....
ITEM .... **MENGE** ....
PREIS .... **ANZAHLUNG BEZAHLT** .... **GUTHABEN BEZAHLT** ....
VERWENDETES MUSTER ....
BENÖTIGTE MATERIALIEN ....

SKIZZE / FOTO

ZUSÄTZLICHE HINWEISE

....
....
....
....
....
....
....

Schneide-Tracker zum Aufzeichnen von Nähprojekten
– perfektes Geschenk für Nähliebhaber

Schneide-Tracker zum Aufzeichnen von Nähprojekten – perfektes Geschenk für Nähliebhaber

DETAILS

PROJEKT ....
GESCHAFFEN FÜR ....
DATUM BEGINN .... **DATUM ABGESCHLOSSEN** ....
ITEM .... **MENGE** ....
PREIS .... **ANZAHLUNG BEZAHLT** .... **GUTHABEN BEZAHLT** ....
VERWENDETES MUSTER ....
BENÖTIGTE MATERIALIEN ....

SKIZZE / FOTO

ZUSÄTZLICHE HINWEISE

....
....
....
....
....
....
....

Nähprojekt Logbuch

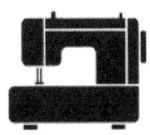

Nähprojekt Logbuch

DETAILS

PROJEKT ....
GESCHAFFEN FÜR ....
DATUM BEGINN .... DATUM ABGESCHLOSSEN ....
ITEM .... MENGE ....
PREIS .... ANZAHLUNG BEZAHLT .... GUTHABEN BEZAHLT ....
VERWENDETES MUSTER ....
BENÖTIGTE MATERIALIEN ....

SKIZZE / FOTO

ZUSÄTZLICHE HINWEISE

....
....
....
....
....
....
....

Schneide-Tracker zum Aufzeichnen von Nähprojekten
– perfektes Geschenk für Nähliebhaber

Schneide-Tracker zum Aufzeichnen von Nähprojekten
– perfektes Geschenk für Nähliebhaber

DETAILS

PROJEKT ....
GESCHAFFEN FÜR ....
DATUM BEGINN .... **DATUM ABGESCHLOSSEN** ....
ITEM .... **MENGE** ....
PREIS .... **ANZAHLUNG BEZAHLT** .... **GUTHABEN BEZAHLT** ....
VERWENDETES MUSTER ....
BENÖTIGTE MATERIALIEN ....

SKIZZE / FOTO

ZUSÄTZLICHE HINWEISE

....
....
....
....
....
....
....

Nähprojekt Logbuch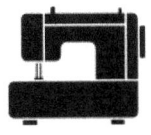

Nähprojekt Logbuch

DETAILS

PROJEKT ....
GESCHAFFEN FÜR ....
DATUM BEGINN .... DATUM ABGESCHLOSSEN ....
ITEM .... MENGE ....
PREIS .... ANZAHLUNG BEZAHLT .... GUTHABEN BEZAHLT ....
VERWENDETES MUSTER ....
BENÖTIGTE MATERIALIEN ....

SKIZZE / FOTO

ZUSÄTZLICHE HINWEISE

....
....
....
....
....
....
....

Schneide-Tracker zum Aufzeichnen von Nähprojekten
– perfektes Geschenk für Nähliebhaber

Schneide-Tracker zum Aufzeichnen von Nähprojekten
– perfektes Geschenk für Nähliebhaber

DETAILS

PROJEKT ....

GESCHAFFEN FÜR ....

DATUM BEGINN .... **DATUM ABGESCHLOSSEN** ....

ITEM .... **MENGE** ....

PREIS .... **ANZAHLUNG BEZAHLT** .... **GUTHABEN BEZAHLT** ....

VERWENDETES MUSTER ....

BENÖTIGTE MATERIALIEN ....

SKIZZE / FOTO

ZUSÄTZLICHE HINWEISE

....
....
....
....
....
....
....

Nähprojekt Logbuch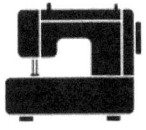

Nähprojekt Logbuch

DETAILS

PROJEKT ....

GESCHAFFEN FÜR ....

DATUM BEGINN .... DATUM ABGESCHLOSSEN ....

ITEM .... MENGE ....

PREIS .... ANZAHLUNG BEZAHLT .... GUTHABEN BEZAHLT ....

VERWENDETES MUSTER ....

BENÖTIGTE MATERIALIEN ....

SKIZZE / FOTO

ZUSÄTZLICHE HINWEISE

....
....
....
....
....
....
....

Schneide-Tracker zum Aufzeichnen von Nähprojekten
– perfektes Geschenk für Nähliebhaber

Schneide-Tracker zum Aufzeichnen von Nähprojekten
– perfektes Geschenk für Nähliebhaber

DETAILS

PROJEKT ....
GESCHAFFEN FÜR ....
DATUM BEGINN .... **DATUM ABGESCHLOSSEN** ....
ITEM .... **MENGE** ....
PREIS .... **ANZAHLUNG BEZAHLT** .... **GUTHABEN BEZAHLT** ....
VERWENDETES MUSTER ....
BENÖTIGTE MATERIALIEN ....

SKIZZE / FOTO

ZUSÄTZLICHE HINWEISE

....
....
....
....
....
....
....
....

Nähprojekt Logbuch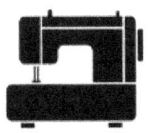

Nähprojekt Logbuch

DETAILS

PROJEKT ....
GESCHAFFEN FÜR ....
DATUM BEGINN .... DATUM ABGESCHLOSSEN ....
ITEM .... MENGE ....
PREIS .... ANZAHLUNG BEZAHLT .... GUTHABEN BEZAHLT ....
VERWENDETES MUSTER ....
BENÖTIGTE MATERIALIEN ....

SKIZZE / FOTO

ZUSÄTZLICHE HINWEISE

....
....
....
....
....
....
....

Schneide-Tracker zum Aufzeichnen von Nähprojekten
– perfektes Geschenk für Nähliebhaber

Schneide-Tracker zum Aufzeichnen von Nähprojekten
– perfektes Geschenk für Nähliebhaber

DETAILS

PROJEKT ....
GESCHAFFEN FÜR ....
DATUM BEGINN .... **DATUM ABGESCHLOSSEN** ....
ITEM .... **MENGE** ....
PREIS .... **ANZAHLUNG BEZAHLT** .... **GUTHABEN BEZAHLT** ....
VERWENDETES MUSTER ....
BENÖTIGTE MATERIALIEN ....

SKIZZE / FOTO

ZUSÄTZLICHE HINWEISE

....
....
....
....
....
....
....

Nähprojekt Logbuch

Nähprojekt Logbuch

DETAILS

PROJEKT ....

GESCHAFFEN FÜR ....

DATUM BEGINN .... DATUM ABGESCHLOSSEN ....

ITEM .... MENGE ....

PREIS .... ANZAHLUNG BEZAHLT .... GUTHABEN BEZAHLT ....

VERWENDETES MUSTER ....

BENÖTIGTE MATERIALIEN ....

SKIZZE / FOTO

ZUSÄTZLICHE HINWEISE

....
....
....
....
....
....
....

Schneide-Tracker zum Aufzeichnen von Nähprojekten
– perfektes Geschenk für Nähliebhaber

Schneide-Tracker zum Aufzeichnen von Nähprojekten
– perfektes Geschenk für Nähliebhaber

DETAILS

PROJEKT ....
GESCHAFFEN FÜR ....
DATUM BEGINN .... **DATUM ABGESCHLOSSEN** ....
ITEM .... **MENGE** ....
PREIS .... **ANZAHLUNG BEZAHLT** .... **GUTHABEN BEZAHLT** ....
VERWENDETES MUSTER ....
BENÖTIGTE MATERIALIEN ....

SKIZZE / FOTO

ZUSÄTZLICHE HINWEISE

....
....
....
....
....
....
....
....

Nähprojekt Logbuch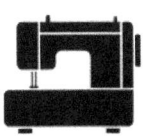

Nähprojekt Logbuch

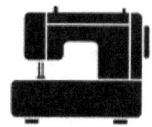

DETAILS

PROJEKT ....
GESCHAFFEN FÜR ....
DATUM BEGINN .... DATUM ABGESCHLOSSEN ....
ITEM .... MENGE ....
PREIS .... ANZAHLUNG BEZAHLT .... GUTHABEN BEZAHLT ....
VERWENDETES MUSTER ....
BENÖTIGTE MATERIALIEN ....

SKIZZE / FOTO

ZUSÄTZLICHE HINWEISE

....
....
....
....
....
....
....

Schneide-Tracker zum Aufzeichnen von Nähprojekten – perfektes Geschenk für Nähliebhaber

Schneide-Tracker zum Aufzeichnen von Nähprojekten
– perfektes Geschenk für Nähliebhaber

DETAILS

PROJEKT ....
GESCHAFFEN FÜR ....
DATUM BEGINN .... **DATUM ABGESCHLOSSEN** ....
ITEM .... **MENGE** ....
PREIS .... **ANZAHLUNG BEZAHLT** .... **GUTHABEN BEZAHLT** ....
VERWENDETES MUSTER ....
BENÖTIGTE MATERIALIEN ....

SKIZZE / FOTO

ZUSÄTZLICHE HINWEISE

....
....
....
....
....
....
....

Nähprojekt Logbuch

Nähprojekt Logbuch

DETAILS

PROJEKT ....

GESCHAFFEN FÜR ....

DATUM BEGINN .... DATUM ABGESCHLOSSEN ....

ITEM .... MENGE ....

PREIS .... ANZAHLUNG BEZAHLT .... GUTHABEN BEZAHLT ....

VERWENDETES MUSTER ....

BENÖTIGTE MATERIALIEN ....

SKIZZE / FOTO

ZUSÄTZLICHE HINWEISE

....
....
....
....
....
....
....

Schneide-Tracker zum Aufzeichnen von Nähprojekten
– perfektes Geschenk für Nähliebhaber

Schneide-Tracker zum Aufzeichnen von Nähprojekten
– perfektes Geschenk für Nähliebhaber

DETAILS

PROJEKT ....
GESCHAFFEN FÜR ....
DATUM BEGINN .... **DATUM ABGESCHLOSSEN** ....
ITEM .... **MENGE** ....
PREIS .... **ANZAHLUNG BEZAHLT** .... **GUTHABEN BEZAHLT** ....
VERWENDETES MUSTER ....
BENÖTIGTE MATERIALIEN ....

SKIZZE / FOTO

ZUSÄTZLICHE HINWEISE

....
....
....
....
....
....
....
....

Nähprojekt Logbuch

Nähprojekt Logbuch

DETAILS

PROJEKT ....

GESCHAFFEN FÜR ....

DATUM BEGINN .... DATUM ABGESCHLOSSEN ....

ITEM .... MENGE ....

PREIS .... ANZAHLUNG BEZAHLT .... GUTHABEN BEZAHLT ....

VERWENDETES MUSTER ....

BENÖTIGTE MATERIALIEN ....

SKIZZE / FOTO

ZUSÄTZLICHE HINWEISE

....
....
....
....
....
....

Schneide-Tracker zum Aufzeichnen von Nähprojekten
– perfektes Geschenk für Nähliebhaber

Schneide-Tracker zum Aufzeichnen von Nähprojekten
– perfektes Geschenk für Nähliebhaber

DETAILS

PROJEKT ....
GESCHAFFEN FÜR ....
DATUM BEGINN .... **DATUM ABGESCHLOSSEN** ....
ITEM .... **MENGE** ....
PREIS .... **ANZAHLUNG BEZAHLT** .... **GUTHABEN BEZAHLT** ....
VERWENDETES MUSTER ....
BENÖTIGTE MATERIALIEN ....

SKIZZE / FOTO

ZUSÄTZLICHE HINWEISE

....
....
....
....
....
....
....

Nähprojekt Logbuch

Nähprojekt Logbuch

DETAILS

PROJEKT ....
GESCHAFFEN FÜR ....
DATUM BEGINN .... DATUM ABGESCHLOSSEN ....
ITEM .... MENGE ....
PREIS .... ANZAHLUNG BEZAHLT .... GUTHABEN BEZAHLT ....
VERWENDETES MUSTER ....
BENÖTIGTE MATERIALIEN ....

SKIZZE / FOTO

ZUSÄTZLICHE HINWEISE

....
....
....
....
....
....
....

Schneide-Tracker zum Aufzeichnen von Nähprojekten
– perfektes Geschenk für Nähliebhaber

Schneide-Tracker zum Aufzeichnen von Nähprojekten
– perfektes Geschenk für Nähliebhaber

DETAILS

PROJEKT ....
GESCHAFFEN FÜR ....
DATUM BEGINN .... **DATUM ABGESCHLOSSEN** ....
ITEM .... **MENGE** ....
PREIS .... **ANZAHLUNG BEZAHLT** .... **GUTHABEN BEZAHLT** ....
VERWENDETES MUSTER ....
BENÖTIGTE MATERIALIEN ....

SKIZZE / FOTO

ZUSÄTZLICHE HINWEISE

....
....
....
....
....
....
....

Nähprojekt Logbuch

Nähprojekt Logbuch

DETAILS

PROJEKT ....

GESCHAFFEN FÜR ....

DATUM BEGINN .... DATUM ABGESCHLOSSEN ....

ITEM .... MENGE ....

PREIS .... ANZAHLUNG BEZAHLT .... GUTHABEN BEZAHLT ....

VERWENDETES MUSTER ....

BENÖTIGTE MATERIALIEN ....

SKIZZE / FOTO

ZUSÄTZLICHE HINWEISE

....
....
....
....
....
....
....

Schneide-Tracker zum Aufzeichnen von Nähprojekten
– perfektes Geschenk für Nähliebhaber

Schneide-Tracker zum Aufzeichnen von Nähprojekten – perfektes Geschenk für Nähliebhaber

DETAILS

PROJEKT ....
GESCHAFFEN FÜR ....
DATUM BEGINN .... **DATUM ABGESCHLOSSEN** ....
ITEM .... **MENGE** ....
PREIS .... **ANZAHLUNG BEZAHLT** .... **GUTHABEN BEZAHLT** ....
VERWENDETES MUSTER ....
BENÖTIGTE MATERIALIEN ....

SKIZZE / FOTO

ZUSÄTZLICHE HINWEISE

....
....
....
....
....
....
....
....

Nähprojekt Logbuch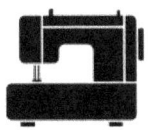

Nähprojekt Logbuch

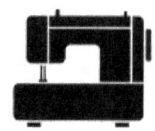

DETAILS

PROJEKT ....
GESCHAFFEN FÜR ....
DATUM BEGINN .... DATUM ABGESCHLOSSEN ....
ITEM .... MENGE ....
PREIS .... ANZAHLUNG BEZAHLT .... GUTHABEN BEZAHLT ....
VERWENDETES MUSTER ....
BENÖTIGTE MATERIALIEN ....

SKIZZE / FOTO

ZUSÄTZLICHE HINWEISE

....
....
....
....
....
....
....

Schneide-Tracker zum Aufzeichnen von Nähprojekten
– perfektes Geschenk für Nähliebhaber

Schneide-Tracker zum Aufzeichnen von Nähprojekten
– perfektes Geschenk für Nähliebhaber

DETAILS

PROJEKT ....
GESCHAFFEN FÜR ....
DATUM BEGINN .... **DATUM ABGESCHLOSSEN** ....
ITEM .... **MENGE** ....
PREIS .... **ANZAHLUNG BEZAHLT** .... **GUTHABEN BEZAHLT** ....
VERWENDETES MUSTER ....
BENÖTIGTE MATERIALIEN ....

SKIZZE / FOTO

ZUSÄTZLICHE HINWEISE

....
....
....
....
....
....
....

Nähprojekt Logbuch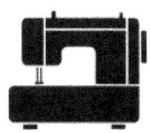

Nähprojekt Logbuch

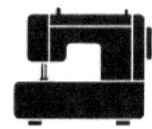

DETAILS

PROJEKT ....

GESCHAFFEN FÜR ....

DATUM BEGINN .... DATUM ABGESCHLOSSEN ....

ITEM .... MENGE ....

PREIS .... ANZAHLUNG BEZAHLT .... GUTHABEN BEZAHLT ....

VERWENDETES MUSTER ....

BENÖTIGTE MATERIALIEN ....

SKIZZE / FOTO

ZUSÄTZLICHE HINWEISE

....
....
....
....
....
....
....

Schneide-Tracker zum Aufzeichnen von Nähprojekten
– perfektes Geschenk für Nähliebhaber

Schneide-Tracker zum Aufzeichnen von Nähprojekten
– perfektes Geschenk für Nähliebhaber

DETAILS

PROJEKT ....
GESCHAFFEN FÜR ....
DATUM BEGINN .... **DATUM ABGESCHLOSSEN** ....
ITEM .... **MENGE** ....
PREIS .... **ANZAHLUNG BEZAHLT** .... **GUTHABEN BEZAHLT** ....
VERWENDETES MUSTER ....
BENÖTIGTE MATERIALIEN ....

SKIZZE / FOTO

ZUSÄTZLICHE HINWEISE

....
....
....
....
....
....
....

Nähprojekt Logbuch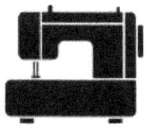

Nähprojekt Logbuch

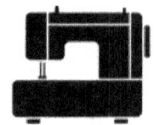

DETAILS

PROJEKT ....
GESCHAFFEN FÜR ....
DATUM BEGINN .... DATUM ABGESCHLOSSEN ....
ITEM .... MENGE ....
PREIS   ANZAHLUNG BEZAHLT ....   GUTHABEN BEZAHLT ....
VERWENDETES MUSTER ....
BENÖTIGTE MATERIALIEN ....

SKIZZE / FOTO

ZUSÄTZLICHE HINWEISE

....
....
....
....
....
....
....

Schneide-Tracker zum Aufzeichnen von Nähprojekten
– perfektes Geschenk für Nähliebhaber

Schneide-Tracker zum Aufzeichnen von Nähprojekten – perfektes Geschenk für Nähliebhaber

DETAILS

PROJEKT ....
GESCHAFFEN FÜR ....
DATUM BEGINN .... **DATUM ABGESCHLOSSEN** ....
ITEM .... **MENGE** ....
PREIS .... **ANZAHLUNG BEZAHLT** .... **GUTHABEN BEZAHLT** ....
VERWENDETES MUSTER ....
BENÖTIGTE MATERIALIEN ....

SKIZZE / FOTO

ZUSÄTZLICHE HINWEISE

....
....
....
....
....
....
....

Nähprojekt Logbuch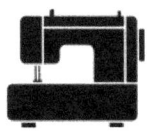

Nähprojekt Logbuch

DETAILS

PROJEKT ....
GESCHAFFEN FÜR ....
DATUM BEGINN .... **DATUM ABGESCHLOSSEN** ....
ITEM .... **MENGE** ....
PREIS .... **ANZAHLUNG BEZAHLT** .... **GUTHABEN BEZAHLT** ....
VERWENDETES MUSTER ....
BENÖTIGTE MATERIALIEN ....

SKIZZE / FOTO

ZUSÄTZLICHE HINWEISE

....
....
....
....
....
....
....
....

Schneide-Tracker zum Aufzeichnen von Nähprojekten – perfektes Geschenk für Nähliebhaber

Schneide-Tracker zum Aufzeichnen von Nähprojekten
– perfektes Geschenk für Nähliebhaber

DETAILS

PROJEKT ....
GESCHAFFEN FÜR ....
DATUM BEGINN .... **DATUM ABGESCHLOSSEN** ....
ITEM .... **MENGE** ....
PREIS .... **ANZAHLUNG BEZAHLT** .... **GUTHABEN BEZAHLT** ....
VERWENDETES MUSTER ....
BENÖTIGTE MATERIALIEN ....

SKIZZE / FOTO

ZUSÄTZLICHE HINWEISE

....
....
....
....
....
....
....

Nähprojekt Logbuch

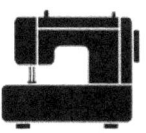

Nähprojekt Logbuch

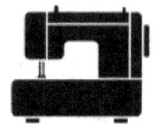

DETAILS

PROJEKT ....

GESCHAFFEN FÜR ....

DATUM BEGINN .... DATUM ABGESCHLOSSEN ....

ITEM .... MENGE ....

PREIS .... ANZAHLUNG BEZAHLT .... GUTHABEN BEZAHLT ....

VERWENDETES MUSTER ....

BENÖTIGTE MATERIALIEN ....

SKIZZE / FOTO

ZUSÄTZLICHE HINWEISE

....
....
....
....
....
....
....
....

Schneide-Tracker zum Aufzeichnen von Nähprojekten
– perfektes Geschenk für Nähliebhaber

Schneide-Tracker zum Aufzeichnen von Nähprojekten – perfektes Geschenk für Nähliebhaber

DETAILS

PROJEKT ....
GESCHAFFEN FÜR ....
DATUM BEGINN .... **DATUM ABGESCHLOSSEN** ....
ITEM .... **MENGE** ....
PREIS .... **ANZAHLUNG BEZAHLT** .... **GUTHABEN BEZAHLT** ....
VERWENDETES MUSTER ....
BENÖTIGTE MATERIALIEN ....

SKIZZE / FOTO

ZUSÄTZLICHE HINWEISE

....
....
....
....
....
....
....

Nähprojekt Logbuch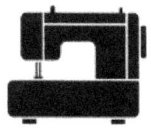

Nähprojekt Logbuch

DETAILS

PROJEKT ....

GESCHAFFEN FÜR ....

DATUM BEGINN .... DATUM ABGESCHLOSSEN ....

ITEM .... MENGE ....

PREIS .... ANZAHLUNG BEZAHLT .... GUTHABEN BEZAHLT ....

VERWENDETES MUSTER ....

BENÖTIGTE MATERIALIEN ....

SKIZZE / FOTO

ZUSÄTZLICHE HINWEISE

....
....
....
....
....
....
....

Schneide-Tracker zum Aufzeichnen von Nähprojekten
– perfektes Geschenk für Nähliebhaber

Schneide-Tracker zum Aufzeichnen von Nähprojekten
– perfektes Geschenk für Nähliebhaber

DETAILS

PROJEKT ....
GESCHAFFEN FÜR ....
DATUM BEGINN .... **DATUM ABGESCHLOSSEN** ....
ITEM .... **MENGE** ....
PREIS .... **ANZAHLUNG BEZAHLT** .... **GUTHABEN BEZAHLT** ....
VERWENDETES MUSTER ....
BENÖTIGTE MATERIALIEN ....

SKIZZE / FOTO

ZUSÄTZLICHE HINWEISE

....
....
....
....
....
....
....

Nähprojekt Logbuch

Nähprojekt Logbuch

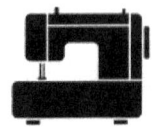

DETAILS

PROJEKT ....
GESCHAFFEN FÜR ....
DATUM BEGINN .... DATUM ABGESCHLOSSEN ....
ITEM .... MENGE ....
PREIS .... ANZAHLUNG BEZAHLT .... GUTHABEN BEZAHLT ....
VERWENDETES MUSTER ....
BENÖTIGTE MATERIALIEN ....

SKIZZE / FOTO

ZUSÄTZLICHE HINWEISE

....
....
....
....
....
....
....

Schneide-Tracker zum Aufzeichnen von Nähprojekten
– perfektes Geschenk für Nähliebhaber

Schneide-Tracker zum Aufzeichnen von Nähprojekten
– perfektes Geschenk für Nähliebhaber

DETAILS

PROJEKT ....
GESCHAFFEN FÜR ....
DATUM BEGINN .... **DATUM ABGESCHLOSSEN** ....
ITEM .... **MENGE** ....
PREIS .... **ANZAHLUNG BEZAHLT** .... **GUTHABEN BEZAHLT** ....
VERWENDETES MUSTER ....
BENÖTIGTE MATERIALIEN ....

SKIZZE / FOTO

ZUSÄTZLICHE HINWEISE

....
....
....
....
....
....
....
....

Nähprojekt Logbuch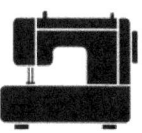

Nähprojekt Logbuch

DETAILS

PROJEKT ....
GESCHAFFEN FÜR ....
DATUM BEGINN .... DATUM ABGESCHLOSSEN ....
ITEM .... MENGE ....
PREIS .... ANZAHLUNG BEZAHLT .... GUTHABEN BEZAHLT ....
VERWENDETES MUSTER ....
BENÖTIGTE MATERIALIEN ....

SKIZZE / FOTO

ZUSÄTZLICHE HINWEISE

....
....
....
....
....
....
....
....

Schneide-Tracker zum Aufzeichnen von Nähprojekten
– perfektes Geschenk für Nähliebhaber

Schneide-Tracker zum Aufzeichnen von Nähprojekten
– perfektes Geschenk für Nähliebhaber

DETAILS

PROJEKT ....
GESCHAFFEN FÜR ....
DATUM BEGINN .... DATUM ABGESCHLOSSEN ....
ITEM .... MENGE ....
PREIS .... ANZAHLUNG .... GUTHABEN ....
                                 BEZAHLT   BEZAHLT
VERWENDETES MUSTER ....
BENÖTIGTE
MATERIALIEN ....

SKIZZE / FOTO

ZUSÄTZLICHE HINWEISE

....
....
....
....
....
....
....

Nähprojekt Logbuch

Nähprojekt Logbuch

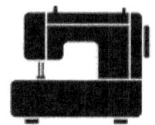

DETAILS

PROJEKT ....

GESCHAFFEN FÜR ....

DATUM BEGINN .... DATUM ABGESCHLOSSEN ....

ITEM .... MENGE ....

PREIS .... ANZAHLUNG BEZAHLT .... GUTHABEN BEZAHLT ....

VERWENDETES MUSTER ....

BENÖTIGTE MATERIALIEN ....

SKIZZE / FOTO

ZUSÄTZLICHE HINWEISE

....
....
....
....
....
....
....

Schneide-Tracker zum Aufzeichnen von Nähprojekten
– perfektes Geschenk für Nähliebhaber

Schneide-Tracker zum Aufzeichnen von Nähprojekten
– perfektes Geschenk für Nähliebhaber

DETAILS

PROJEKT ....

GESCHAFFEN FÜR ....

DATUM BEGINN .... **DATUM ABGESCHLOSSEN** ....

ITEM .... **MENGE** ....

PREIS .... **ANZAHLUNG BEZAHLT** .... **GUTHABEN BEZAHLT** ....

VERWENDETES MUSTER ....

BENÖTIGTE MATERIALIEN ....

SKIZZE / FOTO

ZUSÄTZLICHE HINWEISE

....
....
....
....
....
....
....
....

Nähprojekt Logbuch

Nähprojekt Logbuch

DETAILS

PROJEKT ....
GESCHAFFEN FÜR ....
DATUM BEGINN .... **DATUM ABGESCHLOSSEN** ....
ITEM .... **MENGE** ....
PREIS .... **ANZAHLUNG BEZAHLT** .... **GUTHABEN BEZAHLT** ....
VERWENDETES MUSTER ....
BENÖTIGTE MATERIALIEN ....

SKIZZE / FOTO

ZUSÄTZLICHE HINWEISE

....
....
....
....
....
....
....

Schneide-Tracker zum Aufzeichnen von Nähprojekten – perfektes Geschenk für Nähliebhaber

Schneide-Tracker zum Aufzeichnen von Nähprojekten
– perfektes Geschenk für Nähliebhaber

DETAILS

PROJEKT ....
GESCHAFFEN FÜR ....
DATUM BEGINN .... **DATUM ABGESCHLOSSEN** ....
ITEM .... **MENGE** ....
PREIS .... **ANZAHLUNG BEZAHLT** .... **GUTHABEN BEZAHLT** ....
VERWENDETES MUSTER ....
BENÖTIGTE MATERIALIEN ....

SKIZZE / FOTO

ZUSÄTZLICHE HINWEISE

....
....
....
....
....
....
....

Nähprojekt Logbuch

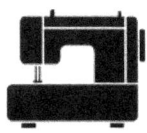

Nähprojekt Logbuch

DETAILS

PROJEKT ....
GESCHAFFEN FÜR ....
DATUM BEGINN .... DATUM ABGESCHLOSSEN ....
ITEM .... MENGE ....
PREIS .... ANZAHLUNG BEZAHLT .... GUTHABEN BEZAHLT ....
VERWENDETES MUSTER ....
BENÖTIGTE MATERIALIEN ....

SKIZZE / FOTO

ZUSÄTZLICHE HINWEISE

....
....
....
....
....
....
....
....

Schneide-Tracker zum Aufzeichnen von Nähprojekten
– perfektes Geschenk für Nähliebhaber

Schneide-Tracker zum Aufzeichnen von Nähprojekten
– perfektes Geschenk für Nähliebhaber

DETAILS

PROJEKT ....
GESCHAFFEN FÜR ....
DATUM BEGINN .... **DATUM ABGESCHLOSSEN** ....
ITEM .... **MENGE** ....
PREIS .... **ANZAHLUNG BEZAHLT** .... **GUTHABEN BEZAHLT** ....
VERWENDETES MUSTER ....
BENÖTIGTE MATERIALIEN ....

SKIZZE / FOTO

ZUSÄTZLICHE HINWEISE

....
....
....
....
....
....
....
....

Nähprojekt Logbuch

Nähprojekt Logbuch

DETAILS

PROJEKT ....

GESCHAFFEN FÜR ....

DATUM BEGINN .... DATUM ABGESCHLOSSEN ....

ITEM .... MENGE ....

PREIS .... ANZAHLUNG BEZAHLT .... GUTHABEN BEZAHLT ....

VERWENDETES MUSTER ....

BENÖTIGTE MATERIALIEN ....

SKIZZE / FOTO

ZUSÄTZLICHE HINWEISE

....
....
....
....
....
....
....

Schneide-Tracker zum Aufzeichnen von Nähprojekten
– perfektes Geschenk für Nähliebhaber

Schneide-Tracker zum Aufzeichnen von Nähprojekten
– perfektes Geschenk für Nähliebhaber

DETAILS

PROJEKT ....

GESCHAFFEN FÜR ....

DATUM BEGINN .... **DATUM ABGESCHLOSSEN** ....

ITEM .... **MENGE** ....

PREIS .... **ANZAHLUNG BEZAHLT** .... **GUTHABEN BEZAHLT** ....

VERWENDETES MUSTER ....

BENÖTIGTE MATERIALIEN ....

SKIZZE / FOTO

ZUSÄTZLICHE HINWEISE

....
....
....
....
....
....
....

Nähprojekt Logbuch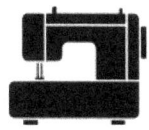

Nähprojekt Logbuch

DETAILS

PROJEKT ....
GESCHAFFEN FÜR ....
DATUM BEGINN .... DATUM ABGESCHLOSSEN ....
ITEM .... MENGE ....
PREIS .... ANZAHLUNG BEZAHLT .... GUTHABEN BEZAHLT ....
VERWENDETES MUSTER ....
BENÖTIGTE MATERIALIEN ....

SKIZZE / FOTO

ZUSÄTZLICHE HINWEISE

....
....
....
....
....
....
....

Schneide-Tracker zum Aufzeichnen von Nähprojekten
– perfektes Geschenk für Nähliebhaber

Schneide-Tracker zum Aufzeichnen von Nähprojekten
– perfektes Geschenk für Nähliebhaber

DETAILS

PROJEKT ....

GESCHAFFEN FÜR ....

DATUM BEGINN .... **DATUM ABGESCHLOSSEN** ....

ITEM .... **MENGE** ....

PREIS .... **ANZAHLUNG BEZAHLT** .... **GUTHABEN BEZAHLT** ....

VERWENDETES MUSTER ....

BENÖTIGTE MATERIALIEN ....

SKIZZE / FOTO

ZUSÄTZLICHE HINWEISE

....
....
....
....
....
....
....

Nähprojekt Logbuch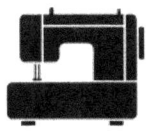

Nähprojekt Logbuch

DETAILS

PROJEKT ....

GESCHAFFEN FÜR ....

DATUM BEGINN .... DATUM ABGESCHLOSSEN ....

ITEM .... MENGE ....

PREIS .... ANZAHLUNG BEZAHLT .... GUTHABEN BEZAHLT ....

VERWENDETES MUSTER ....

BENÖTIGTE MATERIALIEN ....

SKIZZE / FOTO

ZUSÄTZLICHE HINWEISE

....
....
....
....
....
....
....

Schneide-Tracker zum Aufzeichnen von Nähprojekten
– perfektes Geschenk für Nähliebhaber

Schneide-Tracker zum Aufzeichnen von Nähprojekten
– perfektes Geschenk für Nähliebhaber

DETAILS

PROJEKT ....
GESCHAFFEN FÜR ....
DATUM BEGINN .... **DATUM ABGESCHLOSSEN** ....
ITEM .... **MENGE** ....
PREIS .... **ANZAHLUNG BEZAHLT** .... **GUTHABEN BEZAHLT** ....
VERWENDETES MUSTER ....
BENÖTIGTE MATERIALIEN ....

SKIZZE / FOTO

ZUSÄTZLICHE HINWEISE

....
....
....
....
....
....
....

Nähprojekt Logbuch

Nähprojekt Logbuch

DETAILS

PROJEKT ....

GESCHAFFEN FÜR ....

DATUM BEGINN .... DATUM ABGESCHLOSSEN ....

ITEM .... MENGE ....

PREIS .... ANZAHLUNG BEZAHLT .... GUTHABEN BEZAHLT ....

VERWENDETES MUSTER ....

BENÖTIGTE MATERIALIEN ....

SKIZZE / FOTO

ZUSÄTZLICHE HINWEISE

....
....
....
....
....
....
....

Schneide-Tracker zum Aufzeichnen von Nähprojekten
– perfektes Geschenk für Nähliebhaber

Schneide-Tracker zum Aufzeichnen von Nähprojekten
– perfektes Geschenk für Nähliebhaber

DETAILS

PROJEKT ....
GESCHAFFEN FÜR ....
DATUM BEGINN .... **DATUM ABGESCHLOSSEN** ....
ITEM .... **MENGE** ....
PREIS .... **ANZAHLUNG BEZAHLT** .... **GUTHABEN BEZAHLT** ....
VERWENDETES MUSTER ....
BENÖTIGTE MATERIALIEN ....

SKIZZE / FOTO

ZUSÄTZLICHE HINWEISE

....
....
....
....
....
....
....
....

Nähprojekt Logbuch

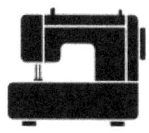

Nähprojekt Logbuch

DETAILS

PROJEKT ....
GESCHAFFEN FÜR ....
DATUM BEGINN .... DATUM ABGESCHLOSSEN ....
ITEM .... MENGE ....
PREIS .... ANZAHLUNG BEZAHLT .... GUTHABEN BEZAHLT ....
VERWENDETES MUSTER ....
BENÖTIGTE MATERIALIEN ....

SKIZZE / FOTO

ZUSÄTZLICHE HINWEISE

....
....
....
....
....
....
....

Schneide-Tracker zum Aufzeichnen von Nähprojekten
– perfektes Geschenk für Nähliebhaber

Schneide-Tracker zum Aufzeichnen von Nähprojekten – perfektes Geschenk für Nähliebhaber

DETAILS

PROJEKT ....
GESCHAFFEN FÜR ....
DATUM BEGINN .... **DATUM ABGESCHLOSSEN** ....
ITEM .... **MENGE** ....
PREIS .... **ANZAHLUNG BEZAHLT** .... **GUTHABEN BEZAHLT** ....
VERWENDETES MUSTER ....
BENÖTIGTE MATERIALIEN ....

SKIZZE / FOTO

ZUSÄTZLICHE HINWEISE

....
....
....
....
....
....
....

Nähprojekt Logbuch

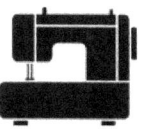

Nähprojekt Logbuch

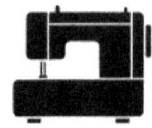

DETAILS

PROJEKT ....

GESCHAFFEN FÜR ....

DATUM BEGINN .... DATUM ABGESCHLOSSEN ....

ITEM .... MENGE ....

PREIS .... ANZAHLUNG BEZAHLT .... GUTHABEN BEZAHLT ....

VERWENDETES MUSTER ....

BENÖTIGTE MATERIALIEN ....

SKIZZE / FOTO

ZUSÄTZLICHE HINWEISE

....
....
....
....
....
....
....

Schneide-Tracker zum Aufzeichnen von Nähprojekten – perfektes Geschenk für Nähliebhaber

Schneide-Tracker zum Aufzeichnen von Nähprojekten
– perfektes Geschenk für Nähliebhaber

DETAILS

PROJEKT ....
GESCHAFFEN FÜR ....
DATUM BEGINN .... **DATUM ABGESCHLOSSEN** ....
ITEM .... **MENGE** ....
PREIS .... **ANZAHLUNG BEZAHLT** .... **GUTHABEN BEZAHLT** ....
VERWENDETES MUSTER ....
BENÖTIGTE MATERIALIEN ....

SKIZZE / FOTO

ZUSÄTZLICHE HINWEISE

....
....
....
....
....
....
....

Nähprojekt Logbuch

Nähprojekt Logbuch

DETAILS

PROJEKT ....

GESCHAFFEN FÜR ....

DATUM BEGINN .... DATUM ABGESCHLOSSEN ....

ITEM .... MENGE ....

PREIS .... ANZAHLUNG BEZAHLT .... GUTHABEN BEZAHLT ....

VERWENDETES MUSTER ....

BENÖTIGTE MATERIALIEN ....

SKIZZE / FOTO

ZUSÄTZLICHE HINWEISE

....
....
....
....
....
....
....

Schneide-Tracker zum Aufzeichnen von Nähprojekten
– perfektes Geschenk für Nähliebhaber

Schneide-Tracker zum Aufzeichnen von Nähprojekten
– perfektes Geschenk für Nähliebhaber

DETAILS

PROJEKT ....

GESCHAFFEN FÜR ....

DATUM BEGINN .... **DATUM ABGESCHLOSSEN** ....

ITEM .... **MENGE** ....

PREIS .... **ANZAHLUNG BEZAHLT** .... **GUTHABEN BEZAHLT** ....

VERWENDETES MUSTER ....

BENÖTIGTE MATERIALIEN ....

SKIZZE / FOTO

ZUSÄTZLICHE HINWEISE

....
....
....
....
....
....
....

Nähprojekt Logbuch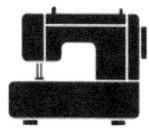

Nähprojekt Logbuch

DETAILS

PROJEKT ....

GESCHAFFEN FÜR ....

DATUM BEGINN .... DATUM ABGESCHLOSSEN ....

ITEM .... MENGE ....

PREIS .... ANZAHLUNG BEZAHLT .... GUTHABEN BEZAHLT ....

VERWENDETES MUSTER ....

BENÖTIGTE MATERIALIEN ....

SKIZZE / FOTO

ZUSÄTZLICHE HINWEISE

....
....
....
....
....
....
....

Schneide-Tracker zum Aufzeichnen von Nähprojekten
– perfektes Geschenk für Nähliebhaber

Schneide-Tracker zum Aufzeichnen von Nähprojekten
– perfektes Geschenk für Nähliebhaber

DETAILS

PROJEKT ....

GESCHAFFEN FÜR ....

DATUM BEGINN .... **DATUM ABGESCHLOSSEN** ....

ITEM .... **MENGE** ....

PREIS .... **ANZAHLUNG BEZAHLT** .... **GUTHABEN BEZAHLT** ....

VERWENDETES MUSTER ....

BENÖTIGTE MATERIALIEN ....

SKIZZE / FOTO

ZUSÄTZLICHE HINWEISE

....
....
....
....
....
....
....
....

Nähprojekt Logbuch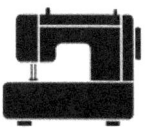

Nähprojekt Logbuch

DETAILS

PROJEKT ....

GESCHAFFEN FÜR ....

DATUM BEGINN .... DATUM ABGESCHLOSSEN ....

ITEM .... MENGE ....

PREIS .... ANZAHLUNG BEZAHLT .... GUTHABEN BEZAHLT ....

VERWENDETES MUSTER ....

BENÖTIGTE MATERIALIEN ....

SKIZZE / FOTO

ZUSÄTZLICHE HINWEISE

....
....
....
....
....
....
....

Schneide-Tracker zum Aufzeichnen von Nähprojekten
– perfektes Geschenk für Nähliebhaber

Schneide-Tracker zum Aufzeichnen von Nähprojekten
– perfektes Geschenk für Nähliebhaber

DETAILS

PROJEKT ....
GESCHAFFEN FÜR ....
DATUM BEGINN .... **DATUM ABGESCHLOSSEN** ....
ITEM .... **MENGE** ....
PREIS .... **ANZAHLUNG BEZAHLT** .... **GUTHABEN BEZAHLT** ....
VERWENDETES MUSTER ....
BENÖTIGTE MATERIALIEN ....

SKIZZE / FOTO

ZUSÄTZLICHE HINWEISE

....
....
....
....
....
....
....

Nähprojekt Logbuch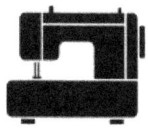

Nähprojekt Logbuch

DETAILS

PROJEKT ....

GESCHAFFEN FÜR ....

DATUM BEGINN .... DATUM ABGESCHLOSSEN ....

ITEM .... MENGE ....

PREIS .... ANZAHLUNG BEZAHLT .... GUTHABEN BEZAHLT ....

VERWENDETES MUSTER ....

BENÖTIGTE MATERIALIEN ....

SKIZZE / FOTO

ZUSÄTZLICHE HINWEISE

....
....
....
....
....
....
....

Schneide-Tracker zum Aufzeichnen von Nähprojekten – perfektes Geschenk für Nähliebhaber

Schneide-Tracker zum Aufzeichnen von Nähprojekten – perfektes Geschenk für Nähliebhaber

DETAILS

PROJEKT ....
GESCHAFFEN FÜR ....
DATUM BEGINN .... **DATUM ABGESCHLOSSEN** ....
ITEM .... **MENGE** ....
PREIS .... **ANZAHLUNG BEZAHLT** .... **GUTHABEN BEZAHLT** ....
VERWENDETES MUSTER ....
BENÖTIGTE MATERIALIEN ....

SKIZZE / FOTO

ZUSÄTZLICHE HINWEISE

....
....
....
....
....
....
....

Nähprojekt Logbuch

Nähprojekt Logbuch

DETAILS

PROJEKT ....
GESCHAFFEN FÜR ....
DATUM BEGINN .... DATUM ABGESCHLOSSEN ....
ITEM .... MENGE ....
PREIS .... ANZAHLUNG BEZAHLT .... GUTHABEN BEZAHLT ....
VERWENDETES MUSTER ....
BENÖTIGTE MATERIALIEN ....

SKIZZE / FOTO

ZUSÄTZLICHE HINWEISE

....
....
....
....
....
....
....

Schneide-Tracker zum Aufzeichnen von Nähprojekten
– perfektes Geschenk für Nähliebhaber

Schneide-Tracker zum Aufzeichnen von Nähprojekten
– perfektes Geschenk für Nähliebhaber

DETAILS

PROJEKT ....
GESCHAFFEN FÜR ....
DATUM BEGINN .... **DATUM ABGESCHLOSSEN** ....
ITEM .... **MENGE** ....
PREIS .... **ANZAHLUNG BEZAHLT** .... **GUTHABEN BEZAHLT** ....
VERWENDETES MUSTER ....
BENÖTIGTE MATERIALIEN ....

SKIZZE / FOTO

ZUSÄTZLICHE HINWEISE

....
....
....
....
....
....
....
....

Nähprojekt Logbuch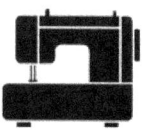

Nähprojekt Logbuch

DETAILS

PROJEKT ....
GESCHAFFEN FÜR ....
DATUM BEGINN .... DATUM ABGESCHLOSSEN ....
ITEM .... MENGE ....
PREIS .... ANZAHLUNG BEZAHLT .... GUTHABEN BEZAHLT ....
VERWENDETES MUSTER ....
BENÖTIGTE MATERIALIEN ....

SKIZZE / FOTO

ZUSÄTZLICHE HINWEISE

....
....
....
....
....
....
....

Schneide-Tracker zum Aufzeichnen von Nähprojekten
– perfektes Geschenk für Nähliebhaber

Schneide-Tracker zum Aufzeichnen von Nähprojekten
– perfektes Geschenk für Nähliebhaber

DETAILS

PROJEKT ....
GESCHAFFEN FÜR ....
DATUM BEGINN .... **DATUM ABGESCHLOSSEN** ....
ITEM .... **MENGE** ....
PREIS .... **ANZAHLUNG BEZAHLT** .... **GUTHABEN BEZAHLT** ....
VERWENDETES MUSTER ....
BENÖTIGTE MATERIALIEN ....

SKIZZE / FOTO

ZUSÄTZLICHE HINWEISE

....
....
....
....
....
....
....

Nähprojekt Logbuch

Nähprojekt Logbuch

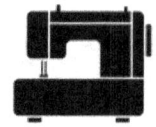

DETAILS

PROJEKT ....
GESCHAFFEN FÜR ....
DATUM BEGINN .... DATUM ABGESCHLOSSEN ....
ITEM .... MENGE ....
PREIS .... ANZAHLUNG BEZAHLT .... GUTHABEN BEZAHLT ....
VERWENDETES MUSTER ....
BENÖTIGTE MATERIALIEN ....

SKIZZE / FOTO

ZUSÄTZLICHE HINWEISE

....
....
....
....
....
....
....
....

Schneide-Tracker zum Aufzeichnen von Nähprojekten
– perfektes Geschenk für Nähliebhaber

Schneide-Tracker zum Aufzeichnen von Nähprojekten
– perfektes Geschenk für Nähliebhaber

DETAILS

PROJEKT ....

GESCHAFFEN FÜR ....

DATUM BEGINN .... **DATUM ABGESCHLOSSEN** ....

ITEM .... **MENGE** ....

PREIS .... **ANZAHLUNG BEZAHLT** .... **GUTHABEN BEZAHLT** ....

VERWENDETES MUSTER ....

BENÖTIGTE MATERIALIEN ....

SKIZZE / FOTO

ZUSÄTZLICHE HINWEISE

....
....
....
....
....
....
....

Nähprojekt Logbuch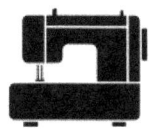

Nähprojekt Logbuch

DETAILS

PROJEKT ....
GESCHAFFEN FÜR ....
DATUM BEGINN .... DATUM ABGESCHLOSSEN ....
ITEM .... MENGE ....
PREIS ANZAHLUNG BEZAHLT .... GUTHABEN BEZAHLT ....
VERWENDETES MUSTER ....
BENÖTIGTE MATERIALIEN ....

SKIZZE / FOTO

ZUSÄTZLICHE HINWEISE

....
....
....
....
....
....
....

Schneide-Tracker zum Aufzeichnen von Nähprojekten
– perfektes Geschenk für Nähliebhaber

Schneide-Tracker zum Aufzeichnen von Nähprojekten
– perfektes Geschenk für Nähliebhaber

DETAILS

PROJEKT ....
GESCHAFFEN FÜR ....
DATUM BEGINN .... **DATUM ABGESCHLOSSEN** ....
ITEM .... **MENGE** ....
PREIS .... **ANZAHLUNG BEZAHLT** .... **GUTHABEN BEZAHLT** ....
VERWENDETES MUSTER ....
BENÖTIGTE MATERIALIEN ....

SKIZZE / FOTO

ZUSÄTZLICHE HINWEISE

....
....
....
....
....
....
....

Nähprojekt Logbuch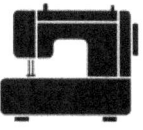

Nähprojekt Logbuch

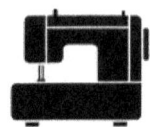

DETAILS

PROJEKT ....

GESCHAFFEN FÜR ....

DATUM BEGINN .... DATUM ABGESCHLOSSEN ....

ITEM .... MENGE ....

PREIS .... ANZAHLUNG BEZAHLT .... GUTHABEN BEZAHLT ....

VERWENDETES MUSTER ....

BENÖTIGTE MATERIALIEN ....

SKIZZE / FOTO

ZUSÄTZLICHE HINWEISE

....
....
....
....
....
....
....

Schneide-Tracker zum Aufzeichnen von Nähprojekten
– perfektes Geschenk für Nähliebhaber

Schneide-Tracker zum Aufzeichnen von Nähprojekten
– perfektes Geschenk für Nähliebhaber

DETAILS

PROJEKT ....
GESCHAFFEN FÜR ....
DATUM BEGINN .... **DATUM ABGESCHLOSSEN** ....
ITEM .... **MENGE** ....
PREIS .... **ANZAHLUNG BEZAHLT** .... **GUTHABEN BEZAHLT** ....
VERWENDETES MUSTER ....
BENÖTIGTE MATERIALIEN ....

SKIZZE / FOTO

ZUSÄTZLICHE HINWEISE

....
....
....
....
....
....
....

Nähprojekt Logbuch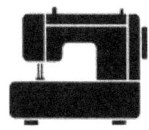

Nähprojekt Logbuch

DETAILS

PROJEKT ....

GESCHAFFEN FÜR ....

DATUM BEGINN .... DATUM ABGESCHLOSSEN ....

ITEM .... MENGE ....

PREIS .... ANZAHLUNG BEZAHLT .... GUTHABEN BEZAHLT ....

VERWENDETES MUSTER ....

BENÖTIGTE MATERIALIEN ....

SKIZZE / FOTO

ZUSÄTZLICHE HINWEISE

....
....
....
....
....
....
....

Schneide-Tracker zum Aufzeichnen von Nähprojekten
– perfektes Geschenk für Nähliebhaber

Schneide-Tracker zum Aufzeichnen von Nähprojekten
– perfektes Geschenk für Nähliebhaber

DETAILS

PROJEKT ....
GESCHAFFEN FÜR ....
DATUM BEGINN .... **DATUM ABGESCHLOSSEN** ....
ITEM .... **MENGE** ....
PREIS .... **ANZAHLUNG BEZAHLT** .... **GUTHABEN BEZAHLT** ....
VERWENDETES MUSTER ....
BENÖTIGTE MATERIALIEN ....

SKIZZE / FOTO

ZUSÄTZLICHE HINWEISE

....
....
....
....
....
....
....

Nähprojekt Logbuch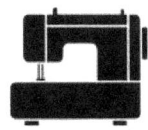

Nähprojekt Logbuch

DETAILS

PROJEKT ....

GESCHAFFEN FÜR ....

DATUM BEGINN .... DATUM ABGESCHLOSSEN ....

ITEM .... MENGE ....

PREIS .... ANZAHLUNG BEZAHLT .... GUTHABEN BEZAHLT ....

VERWENDETES MUSTER ....

BENÖTIGTE MATERIALIEN ....

SKIZZE / FOTO

ZUSÄTZLICHE HINWEISE

....
....
....
....
....
....

Schneide-Tracker zum Aufzeichnen von Nähprojekten
– perfektes Geschenk für Nähliebhaber

Schneide-Tracker zum Aufzeichnen von Nähprojekten
– perfektes Geschenk für Nähliebhaber

DETAILS

PROJEKT ....
GESCHAFFEN FÜR ....
DATUM BEGINN .... **DATUM ABGESCHLOSSEN** ....
ITEM .... **MENGE** ....
PREIS .... **ANZAHLUNG BEZAHLT** .... **GUTHABEN BEZAHLT** ....
VERWENDETES MUSTER ....
BENÖTIGTE MATERIALIEN ....

SKIZZE / FOTO

ZUSÄTZLICHE HINWEISE

....
....
....
....
....
....
....

Nähprojekt Logbuch

Nähprojekt Logbuch

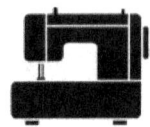

DETAILS

PROJEKT ....
GESCHAFFEN FÜR ....
DATUM BEGINN .... **DATUM ABGESCHLOSSEN** ....
ITEM .... **MENGE** ....
PREIS .... **ANZAHLUNG BEZAHLT** .... **GUTHABEN BEZAHLT** ....
VERWENDETES MUSTER ....
BENÖTIGTE MATERIALIEN ....

SKIZZE / FOTO

ZUSÄTZLICHE HINWEISE

....
....
....
....
....
....
....

Schneide-Tracker zum Aufzeichnen von Nähprojekten
– perfektes Geschenk für Nähliebhaber

Schneide-Tracker zum Aufzeichnen von Nähprojekten
– perfektes Geschenk für Nähliebhaber

DETAILS

PROJEKT ....
GESCHAFFEN FÜR ....
DATUM BEGINN .... **DATUM ABGESCHLOSSEN** ....
ITEM .... **MENGE** ....
PREIS .... **ANZAHLUNG BEZAHLT** .... **GUTHABEN BEZAHLT** ....
VERWENDETES MUSTER ....
BENÖTIGTE MATERIALIEN ....

SKIZZE / FOTO

ZUSÄTZLICHE HINWEISE

....
....
....
....
....
....
....

Nähprojekt Logbuch

Nähprojekt Logbuch

DETAILS

PROJEKT ....
GESCHAFFEN FÜR ....
DATUM BEGINN .... DATUM ABGESCHLOSSEN ....
ITEM .... MENGE ....
PREIS .... ANZAHLUNG BEZAHLT .... GUTHABEN BEZAHLT ....
VERWENDETES MUSTER ....
BENÖTIGTE MATERIALIEN ....

SKIZZE / FOTO

ZUSÄTZLICHE HINWEISE

....
....
....
....
....
....
....

Schneide-Tracker zum Aufzeichnen von Nähprojekten
– perfektes Geschenk für Nähliebhaber

Schneide-Tracker zum Aufzeichnen von Nähprojekten
– perfektes Geschenk für Nähliebhaber

DETAILS

PROJEKT ....
GESCHAFFEN FÜR ....
DATUM BEGINN .... **DATUM ABGESCHLOSSEN** ....
ITEM .... **MENGE** ....
PREIS .... **ANZAHLUNG BEZAHLT** .... **GUTHABEN BEZAHLT** ....
VERWENDETES MUSTER ....
BENÖTIGTE MATERIALIEN ....

SKIZZE / FOTO

ZUSÄTZLICHE HINWEISE

....
....
....
....
....
....
....

Nähprojekt Logbuch

Nähprojekt Logbuch

DETAILS

PROJEKT ....

GESCHAFFEN FÜR ....

DATUM BEGINN .... DATUM ABGESCHLOSSEN ....

ITEM .... MENGE ....

PREIS .... ANZAHLUNG BEZAHLT .... GUTHABEN BEZAHLT ....

VERWENDETES MUSTER ....

BENÖTIGTE MATERIALIEN ....

SKIZZE / FOTO

ZUSÄTZLICHE HINWEISE

....
....
....
....
....
....
....

Schneide-Tracker zum Aufzeichnen von Nähprojekten
– perfektes Geschenk für Nähliebhaber

Schneide-Tracker zum Aufzeichnen von Nähprojekten
– perfektes Geschenk für Nähliebhaber

DETAILS

PROJEKT ....
GESCHAFFEN FÜR ....
DATUM BEGINN .... **DATUM ABGESCHLOSSEN** ....
ITEM .... **MENGE** ....
PREIS .... **ANZAHLUNG BEZAHLT** .... **GUTHABEN BEZAHLT** ....
VERWENDETES MUSTER ....
BENÖTIGTE MATERIALIEN ....

SKIZZE / FOTO

ZUSÄTZLICHE HINWEISE

....
....
....
....
....
....

Nähprojekt Logbuch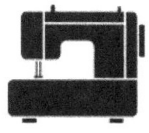

www.ingramcontent.com/pod-product-compliance
Lightning Source LLC
Chambersburg PA
CBHW071003080526
44587CB00015B/2332